R

PHILOSOPHIE DU RIRE.

VENDÔME. — IMP. DE HENRION.

PHILOSOPHIE

DU RIRE

PAR P. SOUDO.

=

Dans ce grave sujet, gardez-vous bien de rire !
BOILEAU.

PARIS

POIRÉE, LIBRAIRE-ÉDITEUR

RUE CROIX-DES-PETITS-CHAMPS, 2.

—

1840.

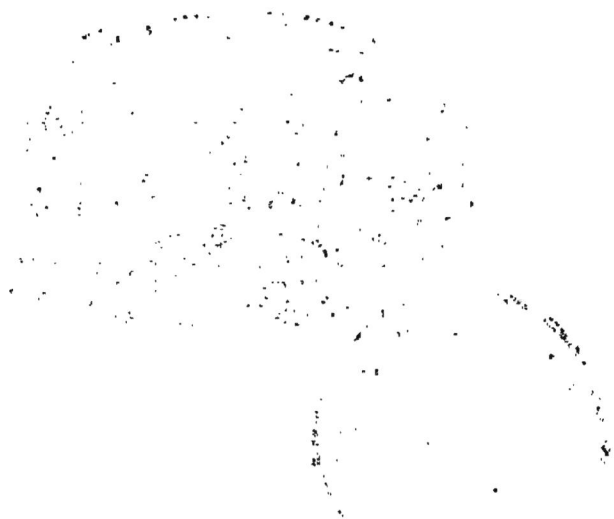

A

l'Historien de Deburau,

J. JANIN.

A JULES JANIN.

===

Vous qui riez si bien Monsieur, et qui toutes les semaines faites une charmante comédie, sur de plats vaudevilles que vous êtes condamné à voir jouer ; acceptez ce petit traité sur le rire que je détache pour vous l'offrir, d'un ouvrage plus considérable dont je m'occupe en ce moment. C'est un hommage que je rends à l'un des esprits les plus distingués de notre époque.

P. SCUDO.

I.

I.

Dans l'hiver de 1795, de nombreux convives dînaient à la table de Marco Zeno, noble vénitien. Son palais magnifique situé sur le grand canal, était le rendez-vous habituel des savants,

des poètes, des artistes et des plus
grands seigneurs de la république. On
y entendait les virtuoses les plus célèbres de l'Italie, on y menait une vie
large, somptueuse, variée, où la bonne
chère était assaisonnée de mots pi-
quants, d'excellente musique, et de
franche gaieté. C'était un mélange sin-
gulier de sénateurs, de cantatrices, de
graves magistrats, de fats à la mode,
d'abbés libertins, de joueurs de pha-
raon, réunis par le plaisir et les charmes
de la conversation. On y jouait beaucoup, on y causait davantage de philosophie, d'art, de théâtre, mais sans em-
phase, sans raideur, avec enjouement et

desinvoltura. C'était un composé bizarre d'éléments les plus étranges, les plus opposés, un pêle-mêle grotesque, une joyeuse cohue, où les chefs de l'état coudoyaient une danseuse, où les interprètes de l'Évangile devisaient familièrement avec une courtisane titrée et de nobles escrocs.

Jamais, on ne verra un tableau semblable à celui que présentait la société vénitienne, à la fin du dix-huitième siècle ! L'aristocratie qui se sentait mourir avait dépouillé alors sa morgue, et s'était rapprochée du peuple le plus fin, le plus gai, le plus doux et le plus sociable de la terre.

Tous les pouvoirs, toutes les institutions tombaient en poussière et devenaient la risée de ce peuple d'enfants. La religion était sans gravité, les lois sans force, les femmes sans retenue, les mœurs d'une facilité inimaginable ! On ne croyait à rien, ni à Dieu, ni à l'âme, ni à la raison ; l'église était un spectacle, le confessional une cour d'amour, la justice un tripôt ; le mariage une bouffonnerie ! On se moquait de tout, on riait de tout, du passé, de l'avenir dans ce monde et dans l'autre. Vivent le présent, la bonne chère, le jeu, les jolies femmes, les plaisirs faciles, une belle nuit sur

les lagunes ! Au diable les noirs soucis
et les remords. C'était une folle mêlée
d'inquisiteurs, d'arlequins, de prêtres,
de polichinelles, de juges, de cicisbei,
de castrats, de princesses et de colom-
bines qui mangeaient, buvaient, riaient,
dansaient à perdre haleine ! C'était un
bruit étourdissant de battes, de gre-
lots, de sifflets, de tambourins, de
mandolines, une joyeuse mascarade
de la vie, une orgie immense, une
de ces vastes anarchies qui éclatent à
l'heure suprême des nations !

Venise était un vaisseau qui, près de
sombrer dans une nuit obscure, avait

couronné sa poupe de fleurs et s'était illuminé jusqu'à la cime du grand mât, avant de disparaître à jamais dans l'abîme des mers !

Charles Gozzi a résumé la morale de la société vénitienne dans les vers suivants :

Nù semo nati alla ventura,
E dopo morti, come che se mai
A sto mondo no fussimo mai stai,
Resteremo un eterno in sepoltura.

L'anima nostra xe na fiamma pura
E, co in cenere i corpi sera andai
Anca i salumi restera smorzai,
E affatto i perdera la so natura.

Del ben presente tutti via godemo
Affrettemose à gustar ogni affetto
E i piu squisiti vini su bevemo.

Ce *Gozzi* était au nombre des convives avec *Goldoni* son rival en gloire dramatique, et l'abbé *Zamaria* l'un des critiques les plus spirituels de Venise. L'abbé leur ami commun, dont l'intelligence supérieure avait sur eux un grand ascendant les avait rapprochés, et voulait leur persuader de fondre leur deux systèmes en un seul, d'où pourrait naître la véritable comédie italienne. Animés par le vin de Chypre et le Marasquin de Corfou, une grande discussion s'élève entre ces trois interlocuteurs sur les causes morales du rire, princip⹁ de la comédie. Tout-à-coup le maître de la maison propose à la société d'aller faire un tour sur la place Saint-Marc; son invitation est acceptée avec de bruyants applaudissements.

C'était pendant le Carnaval de 1795. Malgré la gravité des circonstances, Venise était aussi bruyante que jamais; il ne manquait pas un grelot à sa folie. Les sombres nuages de la politique ne descendaient pas du palais ducal, et ne venaient pas attrister la joie de ce peuple charmant. Les patriciens eux-mêmes se mêlaient à la foule insouciante, et cherchaient à oublier qu'ils n'avaient plus qu'une heure à vivre.

C'était le dernier festin d'une glorieuse nation.

Que n'a-t-on pas écrit sur le carnaval de Venise? Mais l'histoire et la poésie, sont restées bien loin de la réalité. Venise était une ville de spectacles, de jeux et d'amour. Les femmes y étaient blanches et gracieuses, les grands, riches et spirituels, le peuple fin et bon. On y accourait de tous les coins du monde, on venait s'enivrer dans cette île enchantée, y dépenser son or et y perdre la raison. On y respirait la volupté par tous les pores. Toute l'année n'était à Venise qu'une joyeuse mascarade;

mais pendant le carnaval, c'était un délire, une fureur. La ville entière se déguisait alors, et se livrait aux plaisirs avec frénésie; on dansait jusque dans les couvents. Un peuple immense grouillait sur les lagunes, la place Saint-Marc, dans les casino, les ridotti et les cafés. Mille lanternes de mille couleurs illuminaient les rues et les canaux; on pouvait aller, venir, pénétrer dans les sanctuaires les plus secrets, on était libre comme l'oiseau, si on ne s'ocupait pas de politique. Le masque était inviolable, et cachait sous ses mystèresplus d'unprincesouverain de l'Europe, qui venait échanger à

Venise sa couronne d'or, contre un
bonnet de pierrot. La cohue était immense, le gondolier rudoyait l'inqui-
siteur d'état, la *gentildonna* s'asse-
yait sur les genoux d'un *Fachino*.
Point de rang, point de distinction,
c'était l'homme dépouillé de son hypo-
crisie sociale, c'était la nature livrée
à ses instincts impérissables, c'étaient
les saturnales de l'antiquité bravant le
christianisme! Que de gaieté, que d'a-
mour, que d'ivresse, que de longs baisers donnés et savourés dans l'ombre!
O Venise, ô reine glorieuse de l'Adria-
tique s'écrie un de ses enfants, *Tu es
le sourire du monde!*

Lorsque nos interlocuteurs arrivèrent sur la place de St-Marc, il était 3 heures de l'après midi. Elle était remplie d'une foule de masques plus étranges, plus grotesques les uns que les autres. Des charlatans, des magiciens, des chanteurs, des théologiens mille bruits, mille clameurs, mille pasquinades. Ce spectacle de la folie populaire était bien propre à nourrir la conversation entre *Goldoni*, *Gozzi* et l'abbé ; aussi, ils étaient si chaudement engagés dans la discussion, qu'ils entrèrent dans un café de la place, afin de mieux s'entendre et de causer plus à leur aise. *Zeno* et ses convives les suivirent.

— «Eh bien, *abate mio*, explique
» nous donc clairement ta pensée, lui
» dit Gozzi; qu'est-ce donc que le rire,
» selon toi? »

— « *Diavolo quest'è un capitolo serio,*
» cela demande de la réflexion et du
» silence, répondit l'abbé Zamaria. »

— «Qu'avons-nous à faire répliqua
» Goldoni? asseyons-nous, et prenons
» le café. *Oh là botèga !* aussi bien,
» parler du rire en face du carnaval
» de Venise, c'est raisonner gastro-
» nomie auprès d'un bon dîner. N'êtes-
» vous pas de mon avis, *signori miei ?*

« Oui, oui, réplique-t-on de toutes

» parts, parlez, et nous vous écoutons. »

« Puisque vous le désirez je ne de-
» mande pas mieux dit l'abbé, mais je
» vous avertis qu'il n'y a pas ici de mot
» pour rire. »

II.

II.

« Ha, ha, ha, *cari signori miei* ! je
» ne vous dirais pas avec le poète :
» *risum teneatis amici* ; car, rien n'est
» moins risible qu'une discussion sur le
» rire, source de la comédie : c'est
» l'une des plus graves questions de
» l'esprit humain. »

» Comme l'a observé notre ami *Goldoni*, deviser sur les causes du rire à Venise et pendant le carnaval, c'est chercher la manne dans le paradis. Les Italiens sont le peuple le plus rieur de l'Europe, et nous, les plus rieurs de l'Italie. La sombre gravité de notre gouvernement, opposée à la gaieté insouciante de nos concitoyens, exprime comme le masque du drame antique, les deux grands sentimens de la vie: la douleur, et la joie ! Rire et pleurer, n'est-ce pas l'histoire de l'humanité?

« *Risum dolore miscebitur et extrema gaudii luctus occupat*, a dit Salomon. »

» Le rire Messieurs, est un sujet
» qui a beaucoup occupé les philoso-
» phes et les poètes de tous les temps,
» et de tous les pays. Moïse, David,
» Salomon, Jésus-Christ, Homère,
» Hippocrate, Platon, Aristote, Horace,
» Ovide, saint Augustin, saint Tho-
» mas - d'Aquin, Descartes, Hobbes,
» Schaftesbury, Addisson, Fontenelle,
» Montesquieu, Voltaire, Porta, Lava-
» ter et mille autres que je ne puis
» vous citer ici, en ont parlé. On a
» écrit sur ce sujet de gros livres *ex*
» *professo*, dans toutes les langues du
» monde.»

» Et d'abord, on peut considérer le
» rire sous deux points de vue très-dif-
» férents : comme phénomène physio-
» logique, et comme manifestation d'un
» sentiment moral. Les anciens ont
» eu sur les causes physiques du rire,
» des idées assez bizarres. Ils disaient
» que le *chaud* engendre le rire, et le
» *froid* les larmes. Ils attribuaient aux
» qualités du sang, une très-grande in-
» fluence sur le premier de ces actes.

» Physiologiquement parlant, le rire
» se divise en deux phases bien dis-
» tinctes : le sourire et le rire propre-
» ment dit. Le *sourire* est un épanouis-

» sement des muscles de la face, une
» simple modification des lèvres ; le
» *rire* au contraire est une fonction
» respi ratoire qui affecte toute l'éco-
» nomie animale. Le *sourire* est un acte
» éminemment volontaire que nous pou-
» vons facilement comprimer, tandis
» que le *rire* est une sorte de mouve-
» ment convulsif, qui nous échappe et
» nous domine malgré nous. Je n'insis-
» terai pas davantage sur les causes phy-
» siques du rire, cela regarde le méde-
» cin. Ce qui nous intéresse nous, c'est
» d'étudier le rire comme phénomène
» moral, principe de la comédie.

Ici nous quittons l'abbé Zamaria, et nous allons exposer ses idées dans un langage plus sérieux et plus moderne.

III.

III.

De l'Esprit humain.

Il y a dans la nature complexe de l'homme deux grands principes, qui se manifestent dans tous ses actes : l'un qui s'élève au-dessus de la personnalité, l'autre qui s'absorbe dans le moi; l'un

qui s'incline vers les joies de la terre,
l'autre qui aspire au ciel dont il émane.
Ce sont deux forces rivales qui se dis-
putent la direction de notre âme, et
dont la lutte éternelle constitue le
drame de la vie.

L'homme en naissant est égoïste,
faible et borné. Jeté sur un point de
l'espace il ignore ce qu'il est, d'où il
vient, ce qui l'a précédé, ce qui doit
le suivre, ce qui est au-dessus et au-dessous de sa frêle individualité. Il ne connaît que lui, rapporte tout à lui, et se
croit le centre et la merveille du monde;
il est l'objet de sa propre adoration.

Cependant la lumière pénètre peu à peu dans son intelligence, elle l'échauffe, la réveille et lui découvre le vaste horison de la nature. Tout étourdi alors, il tombe du haut de sa béatitude et de sa grandeur, et s'aperçoit enfin qu'il n'est qu'un anneau dans la chaîne des êtres !

Notre âme est une force divine qui grandit et se développe par l'exercice de la vie. Toutes nos idées sont le fruit de l'expérience, et nous n'avons reçu immédiatement du créateur, que la faculté de les contenir et de les coordonner. Pour nous tout est relatif, nos

sensations ainsi que nos jugemens ;
nous mesurons tout au cercle de nos
habitudes et de notre capacité. Ce que
nous appelons *Bien, beau, grand* etc...
ne l'est que par rapport à nous. Dieu
seul connaît l'absolu.

Chaque individu, chaque peuple,
chaque siècle possède un idéal des
choses de la vie, qui forme le point le
plus éloigné de l'horizon de leur esprit ;
au-delà, c'est l'impossible. C'est du
haut de ce critérium suprême que
l'homme juge tout ce qui frappe ses regards, c'est là qu'il formule le code de
ses appréciations, qui se compose tou-

jours de trois grands chapitres : *l'idéal*, *le bien*, *le mauvais*. Tout progrès de l'humanité consiste à reculer le premier degré de cette échelle; donnez-moi l'idéal d'une nation, et je vous dirai sa moralité. La grande révolution du Christianisme est tout entière dans l'idéal Jésus, mis à la place de Jupiter.

Les phénomènes du monde peuvent donc se présenter à nous, sous trois grands aspects : ou ils dépassent l'idée que nous en avions conçue, ou ils y sont conformes, ou bien, ils sont inférieurs au type que nous en avait donné l'expérience. Dans le premier cas ils nous étonnent, dans le second ils nous

laissent indifférents, et dans le troisième nous les dédaignons. Tous les
faits percevables rentrent nécessaire-
ment dans ces trois degrés d'appré-
ciation, dont chacun se subdivise en
nuances plus ou moins nombreuses,
selon l'étendue de notre esprit. Car,
ce qui émerveille l'ignorant n'attire
pas également l'attention du philosophe. Le moi occupe le centre de
cette échelle intellectuelle qui, par une
de ses extrémités touche à l'idéal, et
de l'autre, aux profondeurs du laid.

C'est aussi sous ces trois points de
vue, que nous jugeons nos semblables.
Un homme, par ses qualités physiques

ou morales, s'élève-t-il au-dessus de
la portée commune? nous l'admirons;
n'a-t-il rien qui le distingue de la foule
qui nous entoure, nous l'apercevons à
peine; mais nous est-il inférieur par
quelques vices de l'âme, par quelques
infirmités de l'esprit et du corps,
alors, il nous inspire un sentiment
complexe, que nous allons analyser.

Lorsque du haut de notre personnalité nous jugeons les imperfections des
hommes, nous éprouvons trois sentimens aussi divers que la nature de ces
imperfections. Un individu a-t-il porté
atteinte aux lois de la morale, s'est-il
souillé, avili par un crime; nous le

fuyons en invoquant contre lui l'ana-
thème du ciel, et la justice des hommes.
Est-il malheureux, succombe-t-il sous
le poids de profondes misères ; ses plain-
tes nous touchent, elles nous remuent
les entrailles, elles brisent notre égoïsme, nous nous penchons vers lui pour
lui tendre une main secourable, nous
prenons part à sa douleur, et nous pleurons sur nos propres infortunes. C'est
l'humanité tout entière qui vibre dans
cet accord de la souffrance.

Au contraire, l'homme n'a-t-il que
de légers défauts d'esprit, quelque difformité corporelle qui ne le fasse pas
trop souffrir, et dont nous soyons

exempts ; est-il *bossu, poltron, ignorant,* et se croit-il beau, brave et savant ; alors notre égoïsme se resserre, nous voyons avec plaisir que nous sommes plus beau, plus brave et plus ins- truit que lui ; nous jouissons de nos avantages et nous rions de ses préten- tions mal justifiées. Rire, c'est faire acte de supériorité.

Le crime nous fait horreur, le mal- heur nous touche, les imperfections innocentes nous font rire. La terreur, la pitié, l'amour et le ridicule : voilà les quatre principaux élémens du dra- me chez tous les peuples. Lorsque les trois premiers y dominent, on l'appelle tragédie; mais si c'est le dernier qui en forme la base, on lui donne le nom de comédie.

IV.

IV.

Causes morales du rire.

Deux conditions sont indispensables, pour que nous puissions rire des défauts des autres : d'abord et surtout, que nous en soyons exempt, ou du-moins, que nous ayons la simplicité de le croire; car on ne se moque pas de soi-même, on ne rit pas de ses propres faiblesses. Tout individu qui rit, se juge supérieur à celui qui est l'objet de son hilarité; non pas supérieur d'une manière absolue, mais relativement à l'imperfection qui provoque ses plaisanteries. Et, si la malignité publique nous fait observer que nous ou quelqu'un de ceux qui nous sont chers, ne sommes pas exempts du défaut que nous ridiculisons chez les autres; alors notre rire expire sur nos lèvres, nous courbons la tête, nous descendons de notre tribunal, nous nous dépouillons de la supériorité que nous nous étions

arrogée, et nous faisons silencieuse-
ment l'aveu de notre infériorité.

Sans doute, il arrive très-souvent
que nous rions d'un ridicule que nous
nous sommes donné dans telle circon-
tance, et que nous devenons ainsi l'objet de nos propres railleries. Mais
c'est toujours après l'instant où nous
avons failli, après avoir réparé notre
sottise, et nous être relevé à nos propres yeux. Alors c'est la partie saine de
nous-même qui se moque de l'autre;
c'est la raison qui fustige notre vanité;
c'est une comédie qui se joue dans
l'intérieur de la conscience, et qui a

la même signification que celle que
nous voyons jouer chaque jour, sur
le théâtre de la vie extérieure.

L'autre condition tout à fait néces-
saire pour que les imperfections de nos
semblables nous fassent rire, c'est
qu'elles soient ou paraissent ignorées
de celui en qui nous les découvrons,
ou bien qu'il ait la prétention de les cacher à nos yeux, et d'échapper ainsi
à notre critique. Par exemple, un bossu a-t-il le sentiment de son infirmité ?
il désarme notre malice, et nous dis-
pose plutôt à le plaindre qu'à nous
moquer de lui. Au contraire, qu'un

homme sans éducation veuille faire le docteur; sa sotte vanité nous amuse, et nous rions à ses dépens. Il en est de même de celui qui ne se doute pas de son ignorance, et qui se croit sincèrement habile dans un art dont il ignore le langage; nous voyons son erreur, nous jouissons de notre perspicacité, et nous rions de sa douce illusion. On peut résumer de la manière suivante ces trois points de vue.

Un bon paysan entre dans un salon, et nous lisons dans l'embarras modeste de sa contenance l'aveu, qu'il ignore les usages du monde. Comme il n'a pas la prétention de paraître ce qu'il n'est pas, nous jugeons avec indulgence ses fautes contre les lois arbitraires de la vie élégante. Mais laisse-t-il apercevoir la vanité de paraître initié aux mille détails d'une société dont il ne fait pas partie? il devient ridicule alors, et nous nous moquons de ses balourdises. Il provoque en nous le même sentiment, si nous le voyons réellement convaincu qu'il satisfait à tout ce qu'on exige, d'un homme de bonne compagnie.

V.

V.

Explication de ces causes.

Il résulte de ces exemples et de
beaucoup d'autres que nous pourrions
citer, que ce sont moins les imperfections des autres qui nous disposent à
rire, que les prétentions mal justifiées de

3

leur esprit. C'est le contraste que nous remarquons entre les fautes et la vanité de l'homme, c'est une discordance entre son amour-propre et ses défauts, entre son orgueil et ses misères, qui nous excitent à nous moquer de lui. Au fond, nous rions d'une erreur de l'intelligence, d'un manque d'harmonie dans les facultés de l'âme! Ceci est incontestable. Car, si *Newton*, *Paul Véronèse*, *Cimarosa*, se vantaient de connaître les mathématiques, la peinture et la musique, nous ne verrions rien dans cette prétention qui pût nous faire rire, parce qu'elle serait justifiée par une science immortelle. Mais qu'un homme du monde nous présente une croûte de sa façon, qu'il croira un chef-d'œuvre ; nous nous moquerons moins de son mauvais tableau en lui-même, que de l'aveuglement de son auteur. Et une preuve évidente que c'est l'erreur de l'esprit qui provoque nos railleries c'est que, si le peintre de ce tableau nous disait franchement qu'il n'est qu'un faible amateur ayant la conscience de son inhabileté ; le rire expirerait sur nos lèvres, et nous aurions encore des éloges relatifs pour une œuvre qui, sans cet aveu, aurait été l'objet de notre critique.

Ainsi donc ce qui nous excite à rire

aux dépens de nos semblables, c'est une disproportion entre le sentiment qu'ils manifestent et l'objet qui le fait naître, c'est un défaut de concordance entre la cause et son effet.

Qu'un soldat ait peur d'un boulet de canon, cela nous paraîtra tout naturel; mais qu'il n'ose traverser un cimetière à minuit, nous rirons de sa poltronnerie. Que l'Apollon du Belvédère vante sa beauté, son amour-propre nous irritera peut-être; mais prêtez le même langage à *Quasimodo*, et nous éclaterons de rire. Que l'empereur de Russie déclare la guerre à la France, ce

sera un ennemi digne de nous résister;
mais que cette menace nous vienne du
duc de Modène, nous lui rirons au
nez.

Or, si nous allons au fond de tous
ces exemples, et que nous cherchions
à saisir l'idée qui les engendre tous;
nous verrons que c'est une perturbation
dans le rapport des choses, une discordance dans l'harmonie de nos facultés,
un contraste désavantageux entre la
nature infime et les sentimens, entre
la position et les actions de l'homme;
le rire est provoqué par une dissonnance morale, le rire est la manifesta-

tion irrécusable de la logique de l'esprit humain.

Prenez tous les cas susceptibles de provoquer l'hilarité, analisez-les minutieusement, et je vous défie d'y trouver autre chose qu'un défaut de logique dans l'enchaînement des idées, qu'une perturbation choquante dans la nature des êtres. Coiffez un homme d'un chapeau de femme, vous rirez; habillez une femme en homme, vous rirez également; qu'une petite fille s'efforce de paraître une grande personne, qu'un benêt de vingt ans ait encore les naïvetés qu'il avait à dix, ce sera tout aussi plaisant. Qu'un gaillard de six pieds porte la bavette, qu'un nain se couvre la tête d'un casque, donnez à l'enfant la barbe grise du vieillard, au vieillard la fraîcheur juvénile de l'enfant, etc... c'est-toujours le même contraste qui nous inspire le même sentiment.

VI.

VI.

Rire social.

Non seulement le rire est provoqué par un contraste bizarre que nous remarquons dans la nature de l'individu, par un défaut d'harmonie entre l'esprit et le corps, entre l'âme et le langage qui

la traduit à nos yeux; mais par le
même principe nous rions aussi de
toutes les irrégularités, de tous les
incidens qui intervertissent les rapports
des hommes entre eux. Tout ce qui
s'écarte des mœurs générales d'un siècle
ou d'une nation; tout ce qui fait saillie
dans les habitudes d'une fraction de
ce même peuple; tout ce qui n'est pas
conforme au rang, à la position que
chacun occupe dans la société; tout
ce qui blesse l'idée qu'on se fait de nos
devoirs et du rôle que nous devons
jouer; ces oppositions criardes, ces
déviations de la règle commune, ces
riens, ces innombrables dissonnances

qu'on nomme ridicules et qui sont l'aliment inépuisable de la critique: tout cela dis-je est une atteinte à la convenance des mœurs, une infraction à la logique sociale.

Par exemple, qu'un grave magistrat joue à la fossette; qu'un prêtre donne des leçons de danse; qu'un soldat dise la messe, qu'une religieuse ait le maintien d'une actrice, et qu'une danseuse se compose le visage contrit d'une dévote etc... voilà des rapprochemens étranges qui troublent le rapport habituel des choses, qui nous étonnent et nous font rire! et pour vous prouver d'une manière incontestable que ce n'est pas le fait en lui-même qui donne lieu à nos railleries, mais sa discordance avec la personne qui l'accomplit; rompez ces alliances bizarres, et supposez que ce soit un polisson des rues qui joue à la fossette; un jeune officier qui donne des leçons de danse pour s'amuser, etc. en rétablissant l'harmonie des rapports, vous aurez fait disparaître la cause de l'hilarité.

Plus le fait est en désacord avec la personne, plus il nous étonne; ces nuances vont jusqu'à l'infini.

Il nous est impossible d'énumérer

ici tous les cas, dont nous pourrions appuyer notre principe. Mais pour donner une preuve plus que suffisante de la vérité de notre théorie, nous allons choisir encore quelques-uns des exemples les plus vulgaires, qui possèdent la vertu d'exciter le gros rire du peuple.

Un homme veut s'asseoir, et sans qu'il s'en aperçoive on lui retire la chaise qu'il croyait auprès de lui; il tombe, et sa chute fait éclater tout le monde de rire. Un autre marche tout affairé dans la rue, et donne de la tête contre un obstacle; nous rions de son inadvertance. Un troisième entre dans une maison, et prend la femme de chambre pour la maîtresse, ou la maîtresse pour la femme de chambre ; un quatrième se jette dans les bras d'une personne qu'il croit être une vieille connaissance, et après l'avoir tendrement embrassée il s'aperçoit qu'il s'est trompé, etc..... ces quiproquo, ces méprises, ces bévues, ces travestissements, ces fautes contre les usages, ces costumes bizarres, exagérés, ridicules parce qu'ils ne sont plus à la mode; tout l'immense arsenal de pasquinades, de grosses plaisanteries, de jovialités grotesques qui constituent la

comédie populaire, s'expliquent par
notre principe. Nous y voyons une surprise, une erreur, une discordance
entre la volonté et l'acte, entre la
cause et l'effet, un trouble de l'âme,
une fausse relation d'idées, une atteinte
à la logique de l'esprit humain.

Cette explication est tellement vraie
que, si nous nous apercevons que la
plaisanterie n'est pas sérieuse, notre
rire s'attiédit alors, et disparaît comme
l'ombre devant le jour; parce qu'il n'y
a plus de surprise de la part de celui qui
a commis cette erreur volontaire,
parce qu'il y a réalisation d'un acte

préconçu. Ausssi tout l'art de l'acteur comique consiste à produire en nous cette illusion, à nous persuader qu'il ne joue pas la comédie, et que son esprit éprouve réellement ce qu'il ne fait qu'imiter. Les mauvais acteurs sont trop comédiens.

VII.

VII.

Rire sympathique.

Il arrive très-souvent que nous rions par entraînement, par imitation, sans nous rendre compte du motif qui provoque le rire de ceux que nous imitons. Ce n'est alors qu'un mouvement sym-

pathique, machinal dépourvu d'inten-
tion et de moralité. Plus souvent encore nous rions de la gaieté que produit
chez les autres un contraste bizarre,
un ridicule qui nous est connu depuis
long-temps, et qui a perdu son étran-
geté pour nous. Mais ce dernier cas est
une des mille conséquences du principe général, que nous avons posé plus
haut.

Un homme malade enveloppé d'une
robe de chambre, entre dans un salon
rempli de monde; nous qui connais-
sons ses infirmités, et la liaison intime
qui existe entre lui et les maîtres de la

maison, nous nous expliquons facilement cette déviation des conve-
nances. Mais les personnes étrangères
qui n'ont pas comme nous le mot de
l'énigme, y voient une distraction,
une ignorance des usages du monde
qui les étonnent et les font rire. Alors
nous jouissons de leur surprise, et nous
partageons leur hilarité. Voilà pourquoi une comédie que nous avons vue
souvent jouer nous fait encore beaucoup rire, si nous sommes à côté d'individus qui assistent à sa représentation
pour la première fois. C'est ainsi que
nous rions du rire franc et naïf des enfants ; nous rions par ricochet.

VIII.

VIII.

Résumé de la théorie.

Je crois avoir suffisamment prouvé que le rire a sa source primitive dans les défauts de nos semblables, dont nous croyons être exempts ; qu'il est toujours provoqué par un fait anormal qui trouble l'harmonie du vrai et du bien ; par un contraste désavantageux entre la vanité de l'homme et sa nature infime ; par une disproportion choquante entre la volonté et l'acte, entre la sensation et l'objet qui la fait naître, par une perturbation dans le rapport habituel des choses, c'est-à-dire, que nous rions d'une inconséquence de l'esprit humain. Remarquez bien que je ne dis pas que toute inconséquence possède la propriété d'exciter le rire; j'affirme seulement que lorsque nous rions, c'est toujours d'un faux enchaînement d'idées.

Or, il y a dans tout raisonnement

quelque simple qu'il soit deux points extrêmes : l'esprit qui perçoit et l'objet perçu, unis l'un à l'autre par une chaîne d'inductions. Ce qui en termes de l'école s'appele le *moi*, le *non-moi* et leur rapport. C'est à bien forger cette chaîne que consiste la *logique*, qu'on pourrait définir l'art d'échelonner les idées intermédiaires. Aussi pour comprendre un raisonnement, il faut avant tout en connaître les deux extrémités, c'est-à-dire, le point de vue de l'observateur et l'objet observé. Alors vous parcourez la chaîne qui les rattache, et vous saisissez le vice ou la justesse du rapport. Mais puisque le rire est la manifestation d'un jugement de l'esprit, et le témoignage d'un défaut de concordance qu'il découvre dans la liaison de certains faits; il est évident que pour partager l'hilarité d'un individu il faut être à l'unisson de son esprit, partir du même point de vue, et aboutir au même terme. Si l'une des extrémités de la chaîne logique nous échappe, il nous est impossible de saisir le contraste qui le fait rire.

Par exemple, j'entre dans une maisont où je vois tout le monde riant sous cape, d'un homme qui danse le menuet. Dabord je n'apperçois rien dans ce fait qui m'explique la cause de cette hilarité générale. Je garde donc mon sérieux, ou si je ris avec les autres, c'est par imitation et par politesse. Mais on m'apprend aussitôt que ce monsieur est un grave président d'une cour de justice qui, échauffé par les vapeurs d'un bon dîner, compromet ainsi la dignité de son caractère. Je saisis alors le piquant de ce rapprochement, et je ris de bon cœur de voir un homme de qui dépend le repos de la société, livré à de si futiles distractions. Mais si j'étais d'un pays ou d'un siècle dont les mœurs permissent aux magistrats l'innocent plaisir de la danse; ce

fait alors n'aurait plus rien d'étrange à
mes yeux ; et il me deviendrait difficile
de rire d'un acte, qui serait conforme
à ce que je croirais être bien et conve-
nable. Les Turcs sont loin de se moquer des contorsions de leurs derviches,
pas plus qu'on ne se raillait au moyen-
âge, des chrétiens qui s'imposaient la
pénitence de danser aux processions.

IX.

IX.

Division des causes du rire.

Nous avons déjà dit qu'il y avait dans la conscience de l'humanité trois degrés d'appréciations, qui contiennent tous les phénomènes de la vie. D'abord l'idéal, placé à l'extrémité de la pensée comme un phare lumineux, au delà duquel sont les ténèbres de l'impossible. Après cet idéal mobile et divers que la perfectibilité recule de siècle en siècle, vient le sentiment du bien, le même chez tous les hommes, que l'éducation développe, mais qui ne varie jamais dans son essence. Puis en dernier lieu et tout au bas de la personnalité, se trouvent le laid et ses nombreuses transformations.

Les faits qui s'approchent plus ou moins du premier de ces degrés, engendrent l'admiration; ceux qui se classent dans le second, laissent notre âme dans un état paisible parce qu'ils sont dans l'ordre habituel des choses ; mais les phénomènes contenus dans la dernière catégorie, provoquent en nous un double jugement.

S'ils attaquent l'idée du juste qui fait partie de celle du bien et qu'ils portent atteinte à notre sécurité, ils tombent sous les coups de la loi pénale; et s'ils blessent seulement la notion du bien, et du beau, ils sont les justiciables de la raison. Tous les codes du monde réfléchissent ces trois grandes classifications; ce sont le *Paradis*, les *Limbes* et *l'Enfer* de la théologie.

Mais indépendamment de ces notions universelles du juste et du beau, qui forment le caractère distinctif de notre espèce; chaque siècle, chaque peuple, chaque caste, chaque société, chaque individu possède un critérium particulier, juge suprême de toutes les infractions faites aux mœurs et aux préjugés du temps. Or, puisque le rire provient toujours d'une dissonnance de l'âme, d'une déviation de la règle, d'une légère perturbation de l'ordre établi; il est évident que les causes du rire sont aussi nombreuses, qu'il y a de points de vue dans l'esprit.

Il y a donc un rire général, et un rire individuel.

X.

X.

Causes du rire général de l'humanité.

Quels sont les vices, les fautes, les imperfections qui excitent le rire général de l'humanité? Ce sont les passions égoïstes et basses, celles qui dégradent l'homme, le rapprochent de la bête et

blessent le sentiment universel du beau.
C'est la gloutonnerie, l'ivrognerie, la
poltronnerie, la bêtise, la maladresse,
la difformité et toutes les grandes perturbations de l'âme, tous les actes qui
accusent l'affaiblissement de l'intelligence et l'impuissance de la volonté.
Chez tous les peuples du monde, un
nez crochu, une face rubiconde, l'o-
bésité d'une panse arrondie, des jambes vacillantes, le défaut d'équilibre,
la niaiserie, les nombreux phénomènes
de la distraction etc, sont l'objet de la
moquerie générale. Et qu'est-ce donc
que la difformité, la maladresse, la
couardise? Une anomalie de la nature,

une déviation de sa marche ordinaire ,
un dérangement dans les proportions
du juste, une altération du vrai et du
beau. Un bossu, est une faute de logique
de la création.

« J'ai remarqué, dit Voltaire dans
» sa préface de l'Enfant Prodigue, qu'au
» spectacle il ne s'élève jamais de ces
» éclats de rire universels, qu'à l'occa-
» sion d'une méprise. Mercure pris
» pour Sosie, Crispin faisant son testa-
» ment sous le nom du bonhomme
» Géronte, Valère parlant à Harpagon
» des beaux yeux de sa cassette; en
» un mot les méprises, les équivoques

» de pareille espèce excitent un rire
» général. Arlequin ne fait guère rire
» que quand il se méprend ; et voilà
» pourquoi le titre de *balourd* lui était
» si bien approprié. Il y a bien d'autres
» genres de comique. Il y a des plai-
» santeries qui causent une sorte de
» plaisir ; mais je n'ai jamais vu ce qui
» s'appelle rire de tout son cœur, soit
» au spectacle, soit dans la société,
» que dans les cas approchants de ceux
» dont je viens de parler. »

Mais pour rire d'une difformité physique comme d'une distraction ou d'un
vice de l'esprit, il faut en être soi-même

exempt, et avoir sous les yeux un type auquel on puisse comparer l'être qui s'en écarte; car, si tout le monde était bossu et maladroit, personne ne se moquerait ni d'une bosse ni d'une maladresse.

Un nain qui ferait le voyage de Gulliver, ne produirait aucune sensation risible chez les Liliputiens. Pour se railler d'un fait, il faut qu'il soit au-dessus de la portée commune.

XI.

XI.

Causes générales du rire.

Après les grandes perturbations de l'être physique et moral, sources éternelles du rire chez tous les hommes, il y a le rire particulier de chaque peuple, de chaque fraction sociale, de chaque

5

individu, occasionné également par
une légère déviation de la règle locale.
L'Allemand ne rit pas des mêmes irrégularités que le Français, le comique
des Anglais n'est pas celui des Italiens.
Pour saisir le contraste qui excite l'hilarité d'un individu, il faut connaître
ses habitudes, sa manière de voir
c'est-à-dire, être à l'unisson de son esprit, partir de la même idée, et aboutir
au même terme. Si l'un des points extrêmes nous échappe il nous sera impossible de saisir le piquant du rapport.
Car il y a des contrastes qui font rire
le Parisien, qui sont incompréhensibles
au provincial; il y a tel fait qui excite

le sourire malicieux des duchesses du
faubourg Saint-Germain, qui ne déri-
derait pas une dame de la halle. Un
peintre, un musicien, un prêtre etc. .
ont des apperçus et un rire qui leur sont
propres. *Talleyrand* ne riait pas comme
Bobèche, et *J. Janin* rit autrement que
M. Scribe.

Si Voltaire revenait au monde, et
que sans explication on lui donnât à lire
nos petits journaux, il n'y compren-
drait rien. Quand on retourne à Paris
après cinq ou six ans d'absence et d'i-
solement, on a de la peine à saisir le
sens d'une foule d'épigrammes et de

jolis mots, qui courent les rues de cette
ville moqueuse. Voilà pourquoi un ca-
lembourg est intraduisible.

Ainsi donc, il y a le gros rire du
peuple et le rire un peu triste de la raison éclairée qui sont universels, et partout les mêmes. Puis vient le rire particulier de chaque nation, expression
fugitive de la diversité des mœurs. Ce
dernier se modifie selon les lumières
de l'individualité, car, un imbécille ne
rit pas comme un homme d'esprit, ni
Sancho-Pança comme *don Quichotte.* Le
vieillard rit moins et autrement que le
jeune homme. *Ce qui étonne le vulgaire*

fuit rire le philosophe, a dit Voltaire. Le rire d'un homme donne la portée de son intelligence, parce qu'il est le résultat de la finesse de ses apperçus. *Dis-moi de quoi tu ris, je te dirai qui tu es,* est une maxime d'une vérité profonde.

Amictus corporis et risus dentium et ingressus hominis ennunciant de illo, les vêtemens du corps, le *ris* des dents et la démarche de l'homme font connaître qui il est. *Ecclésiaste. ch.* XIX *ver.* 27.

« *Une physionomie du rire serait un* » *livre élémentaire des plus intéressants* » *pour la connaissance de l'homme,* » a dit ce bon Lavater. »

*Quis credat? discunt etiam ridere pu-
ellæ?* (*) on apprend donc à rire, comme
on apprend à vivre.

Aussi il faut une connaissance minu-
tieuse de l'histoire, des lois et des habitudes d'un peuple, pour saisir le piquant de ses plaisanteries nationales.
Cervantes, Molière et tous ceux qui
se sont moqués des grandes imperfections de l'homme, sont compris dans
tous les temps et dans tous les pays.
Mais il n'y a que des Français qui puis-
sent rire avec *Lafontaine* et madame de
Sévigné. Telle anecdote très-plaisante

(*) Ovide, Art d'aimer.

dans la bouche d'un individu , cesse de l'être dans celle d'un autre, parce qu'il n'existe plus un certain contraste piquant entre celui qui parle et le fait raconté. Une des premières qualités de l'acteur comique c'est son masque. Je crois qu'il serait impossible à un homme beau comme l'Apollon du Belvéder, de jouer avec succès les rôles de Baptiste aîné, et de Potier.

Pour faire pleurer il faut pleurer soi-même, mais pour faire bien rire il faut garder son sérieux.

XII.

XII.

Rire de chaque peuple.

On pourrait comparer les différentes sources du rire à une suite de cercles concentriques, dont le plus grand représenterait le rire de l'humanité, le second celui de chaque peuple, etc..

allant ainsi en se rétrécissant jusqu'à l'individualité.

D'abord ce qui fait rire les enfants, la populace et les barbares qui sont au même degré de civilisation, ce sont les difformités physiques, les grimaces, les contorsions, les culbutes, la glouton-nerie, la poltronerie, etc,. Tous les faits qui dérangent la régularité du type exté-rieur de l'homme, tout ce qui empêche l'accomplissement des actes les plus élémentaires de la volonté, et qui ac-cuse l'abaissement de l'intelligence au-dessous de la portée commune. C'est la comédie primitive de tous les peuples,

celle de Debureau. Chez les Grecs elle
a commencé par la danse grotesque du
Cordace, et le jeu de l'*Outre* frottée
d'huile.

En grandissant par la pensée le peuple, l'enfant et le barbare ne s'arrêtent
plus à ces vices de la forme, ils pénè-
trent jusque dans les mystères de la
conscience où ils saisissent ces éternelles
faiblesses de l'âme, qui sont l'aliment
de la haute comédie morale. C'est
l'œuvre des Menandre et des Molière.
Enfin la complication des mœurs, les
mille péripéties de la vie sociale don-
nent lieu à un rire local, passager que

reproduisent la caricature, le vaudeville, la chanson; c'est la comédie mi-
gnarde des *Marivaux* et des *Scribe*.

La source des larmes est unique et
la même chez tous les hommes, tandis
que celles du rire sont aussi nombreuses
que diverses. Ce qui faisait pleurer les
Grecs, fait encore pleurer les Parisiens
de nos jours. Notre âme n'a qu'une
corde pour la douleur, elle en a mille
pour la gaieté. Tous les peuples ont la
même tragédie, mais non pas la même
comédie. Aussi Aristote qui donne des
préceptes pour faire pleurer, n'en donne
pas pour faire rire. On pourrait carac-

tériser les nations de l'Europe, par l'individualité de leur rire.

Les Allemands lourds et lents dans leurs conceptions, saisissent avec peine les demi-teintes, les mots fins, la raillerie délicate. Aussi ils s'en irritent facilement, et rien de plus vrai que ce proverbe: *C'est une querelle d'Allemand!* Leur rire éclate long-temps après les autres et quand tout est fini, comme une dernière fusée d'un feu d'artifice. C'est le rire benin et un peu grossier du moyen-âge.

Façonnés depuis long-temps aux

luttes politiques, les Anglais ont un rire aussi âpre que leur climat. C'est un rire violent, passionné, large qui va d'une oreille à l'autre, et qui montre des dents un peu trop menaçantes. Souvent il fait peur !

La gaieté des Espagnols est plus contenue, et digne comme leur caractère. Elle s'épanche non pas en mots fins et bruyants, mais en poses mimiques et en graves sentences.

Au contraire, le rire des Italiens est beaucoup plus expansif. Il éclate, il rayonne, il éclaire toute la face, il saute il danse comme un bien-heureux. Il est doux, bon, sensuel, un peu graveleux même; il vient du ventre, remonte lentement jusqu'à la tête, et répand partout le corps la chaleur et le bien-être.

Les Français ont une manière de rire moins franche, mais bien plus fine. Vivant beaucoup ensemble et surtout avec les femmes, dont la présence contient le langage des hommes; ils ont une foule de prescriptions sociales dont la moindre infraction provoque une raillerie piquante, que l'étranger ne saurait comprendre. La moquerie française est une arme d'autant plus redoutable, qu'elle est presque imperceptible. On vous tue d'un mot, d'un regard; c'est un combat à coups d'épingles. Nulle part il n'y a autant de ridicules qu'en France, parce que nulle part les mœurs ne sont plus minutieuses et plus compliquées. La gaieté de ce peuple est malicieuse, parce qu'elle vient toujours de l'esprit; son rire pétille, vous émoustille, et s'évapore comme le vin de Champagne. *Le Français né malin créa le Vaudeville*, Dieu nous garde, de lui contester son invention!

Quant à Molière, on sait aujourd'hui qu'il n'est pas Français. Dieu, par un beau jour d'été voulant se moquer de sa créature, prit une poignée de limon qu'il anima du plus pur de son esprit. Il en résulta un homme qu'il jeta du haut du paradis, et que le hasard fit tomber en France. *Horace*, *Cervantes*, *Molière*, etc... ne sont d'aucun pays ; ils sont fils de la terre et du ciel.

L'humanité est toujours la même par les sentiments du cœur, elle change par les aperçus de l'esprit ; nos larmes viennent toutes de la même source, mais le rire se modifie avec le temps et les mœurs. Les hommes sont égaux devant la souffrance, mais non pas devant le bonheur.

VIII.

XIII.

Le rire n'est jamais innocent.

Quand tu ris, sur ta bouche
L'Amour s'épanouit,
Et le soupçon farouche
Soudain s'évanouit.
Oh! le rire fidèle
Prouve un cœur sans détour;
Riez, ma belle
Riez, toujours!

J'en demande bien pardon au grand poète de qui sont ces jolis vers, mais le rite n'est jamais innocent ! puisqu'il est provoqué par la vue d'une imperfection dont nous nous croyons exempts ; en riant nous manifestons notre supériorité relative, et nous blessons l'amour-propre des autres. On rit toujours aux dépens de quelqu'un, même lorsqu'on rit de souvenir ; et dans le rire charmant de la bouche la plus fraîche et la plus innocente du monde, il y a toujours un rayon de malice qui en altère la douceur. Rire, c'est faire acte de vanité. C'est la définition qu'en ont donnée *Addisson* et *Montesquieu. Rire* bien qui rira le dernier, c'est-à-dire, celui-là aura la supériorité qui rira le dernier. *Avoir les rieurs pour soi*, c'est-à-dire, avoir l'assentiment de la majorité, avoir pour soi l'autorité.

L'homme est un animal qui rit, a dit Aristote, cette définition est parfaite. En effet, l'homme est le seul animal qui puisse rire, puisqu'il est le seul qui ait une notion du bien et du mal, du beau et du laid. Tous les autres animaux ont de la gaieté, résultat de la satisfaction de leurs besoins. Le chien qui agite sa queue et qui bondit au-devant de son maître, n'éprouve

qu'un sentiment de joie égoïste.
L'homme seul sait rire, parce qu'il n'y
a que lui qui sache comparer et juger.
Un singe imite le rire extérieur de
l'homme, sans en comprendre la signification ; c'est ainsi que rit l'idiot. Donnez à l'animal le plus stupide un germe
de la connaissance du beau, la com-
paraison lui donnera celle du *laid*, et
du choc de ces deux idées jaillira une
étincelle de malice railleuse et de moralité.

Non seulement l'homme est le seul
animal qui sache rire, mais il est aussi
le seul objet de son hilarité. Un ours

qni danse, un singe qui s'affuble d'un
bonnet de coton, un chien qui joue au
domino nous font rire, parce que nous
y voyons l'imitation imparfaite d'un
acte propre à notre espèce. Le rire
qu'excita l'âne d'or lorsqu'il se mit à
manger le dîner de son maître, vient
absolument de la même cause que celui que produirait un domestique qui,
par ignorance, se mettrait à la table
d'un ambassadeur. C'est un contraste
burlesque entre la nature ou la position
de l'être et son action. Nous prêtons
aux animaux nos passions et nos idées,
et nous les jugeons en vue de notre esprit. L'apologue n'est point une induc-

tion de la philosophie, mais la tradition naïve des croyances primitives de
l'humanité. Nous voyons partout notre
image, et l'univers nous semble un
vaste symbole de la vie qui aime, souffre
et pleure comme nous. Les métaphores
de nos langues savantes sont un abrégé
de la mythologie antique. Plus l'homme
est simple, plus il est porté à croire
que tout ce qui l'entoure, a son âme
et son intelligence. Voyez l'enfant qui
se fâche contre la pierre qui l'a blessé.
Les figures grotesques qui se trouvent
sur les monuments gothiques nous font
sourire, parce que dans le *cochon qui
chante au lutrin*, et dans l'âne qui prê-

che en chaire, nous y lisons une satyre
contre le clergé.

L'homme est donc un animal qui
rit, et le seul animal qui fasse rire. On
rit toujours d'une imperfection humaine, et par conséquent le rire est la
manifestation d'un sentiment qui sup-
pose l'existence de la société. Plus
l'homme est solitaire moins il rit ; le
sauvage rit peu ou presque pas.

Montesquieu a dit « Qu'on pourrait
» trouver en Turquie des familles où de
» père en fils personne n'a ri, depuis la
» fondation de la monarchie. » Il y a du
vrai dans cette saillie.

Si la terre n'était habitée que par un seul individu, cet individu pourrait pleurer; mais il lui serait impossible de rire.

XIV.

XIV.

Le rire décèle notre imperfection.

Je pense, donc je ris.

Le rire est à la fois le signe de la supériorité de l'homme, et de son imperfection. Il rit parce qu'il pense, mais il rit aussi parce qu'il est méchant.

Si comme les autres animaux il n'avait que l'instinct de sa conservation, il mangerait, il aimerait, il souffrirait, mais il ne pourrait pas rire. Il rit parce qu'il compare et parce qu'il juge; il se moque du *laid*, parce qu'il conçoit le beau. L'enfant pleure en venant au monde; il ne commence à sourire que lorsqu'il commence à comprendre. Le rire est l'acte d'un être intelligent, mais égoïste et borné; car, s'il savait tout rien ne l'étonnerait, et s'il était parfaitement bon, il verrait avec indulgence les faiblesses de ses semblables. Aussi l'idéal de la miséricorde, Jésus-Christ, ne rit jamais. *Malheur à vous qui riez parce que vous pleurerez*, dit Saint-Luc. Le rire est un vice de l'âme, dit Platon.

. . . . . Qu'un pape rie, en bonne foi, je ne l'ose assurer; mais je tiendrais un roi bien malheureux, s'il n'osait rire : c'est le plaisir des Dieux. . . . .

Oui, c'est le plaisir des dieux grossiers du paganisme. Savez-vous ce qui sépare le polythéisme du christianisme? un sourire. Les divinités de l'Olympe éclatent d'un rire insultant à la vue de de ce pauvre Vulcain; mais le Dieu des Chrétiens est sérieux comme la justice et la charité, Si la morale de l'évangile avait étouffé tous les mauvais instincts de l'homme , il n'y aurait plus de comédie. Nous rions encore un peu , parce que nous sommes encore vicieux.

La jeunesse qui ne sait rien, s'étonne de tout et rit de tout. A cet âge heureux on s'épanouit à l'existence, on se moque de tout, parce qu'on se croit supérieur à tout; mais les années arrivent , et avec elles l'expérience. Alors on sent sa faiblesse , la vie se décolore , la vérité s'élève devant nous dans sa triste nudité, la tête s'incline vers la terre, le visage se flétrit ; et le rire disparaît sous les rides de la science, comme un der-

nier rayon de soleil, sous les ombres de
la nuit. Les nations vieilliraient-elles
comme les individus? car

On ne rit plus, on sourit aujourd'hui,
Et nos plaisirs sont voisins de l'ennui.(*)

*Per risum multum poteris cognoscere
stultum?*

Celui qui rit de tout et à tout propos
est un insensé, ou une intelligence supérieure. Démocrite ne pouvait contenir son hilarité en voyant les vices de
l'homme; c'était le rire indulgent de

(*) Bernis, *Epître sur le goût.*

la sagesse. Mais un imbécille rit toujours,
parce qu'il ignore tout.

D'où vient, cher Levayer, que l'homme le moins sage
Croit toujours seul avoir la sagesse en partage,
Et qu'il n'est point de fou qui, par bonnes raisons,
Ne loge son voisin aux petites maisons ?

Cela vient de l'amour-propre et de
l'ignorance. Nous voyons une paille
dans l'œil du voisin, sans nous douter
de la poutre qui nous aveugle. Chacun
se moque des ridicules dont il se croit
exempt, et il ignore qu'il est lui-même
l'objet de la raillerie des autres.

Un sot trouve toujours un plus sot
qui le fait rire.

Chacun regarde au-dessous de sa
personnalité, et aperçoit une imperfection qui flatte sa malice. Nous rions
les uns des autres, et l'humanité forme
une échelle immense de rieurs au bout
de laquelle est Dieu, qui contemple
cette vaste comédie avec le sérieux de
la puissance et de la bonté.

Dieu ne peut pas rire !

XV.

XV.

Le rire n'exprime pas le bonheur.

Le bonheur est une de ces grandes idées de l'esprit humain qu'il voit briller au loin dans l'horizon, rêve consolateur qui le fuit sans cesse, et dont il implore la réalisation. Si le bonheur

parfait pouvait exister sur la terre, il
serait l'accomplissement instantané de
nos vœux, il coulerait paisiblement
dans notre cœur, comme un fleuve
harmonieux dans un lit égal et facile.
Sans désirs et sans regrets, rien ne
troublerait alors la limpidité de l'âme ;
tout serait silence , tout serait repos. Le
bonheur serait la négation du progrès
et de la vie.

Mais puisque l'homme pense, puis-
qu'il parle et agit, c'est qu'il est incom-
plet ; c'est qu'il sent en lui un vide qu'il
veut remplir, c'est qu'il aspire au
mieux, et qu'un esprit immortel lui

crie sans cesse : Marche, marche ! Si la béatitude dont la Genèse hébraïque a doné le premier être avait duré, l'humanité vivrait encore dans les bois. Nous sommes perfectibles, parce que nous sommes imparfaits. C'est devant nous qu'est le paradis, et non au berceau du monde. Le paradis, c'est l'idéal de la vie conçu par la raison.

" Aimer, danser, chanter, plaisirs des sens et de l'esprit, vous nêtes que l'ombre du vrai bonheur. Le rire même est un éclair de l'âme, une joie fugitive qui brille et disparaît, comme une étoile du firmament. L'amant qui sourit à sa maîtresse, la mère qui sourit à son enfant, les plus pures délices de ce monde s'envolent vite comme un oiseau du ciel, qui échappe à l'esclavage. Si nous étions heureux, nous le serions toujours; et le rire n'éclaterait pas sur nos lèvres à la vue d'un plaisir nouveau. Nous rions, parce que nous sommes surpris par une joie inaccoutumée, et la joie n'est pas le bonheur, puisque ce dernier n'existe que dans la continuité.

Dans le rire innocent de la jeune fille qui embrasse sa mère après un jour d'absence, il s'y trouve avec le plaisir de la revoir, la crainte de la perdre encore. Pour savourer sans amertume un instant de félicité, il faudrait ne pas penser. L'animal bien repu est plus près du bonheur que nous. Analysez le rire le plus innocent qui rayonne sur la bouche de l'homme, et vous y trouverez le regret et l'espérance. C'est un rayon de soleil qui se décompose sous la réflexion de notre esprit. Le rire est la manifestation d'un être fini mais perfectible; Dieu qui sait tout et prévoit tout, ne rit pas.

« Le vrai contentement n'est ni gai, » ni folâtre a dit Rousseau. Un homme » vraiment heureux ne parle guère et

» ne rit guère; il resserre pour ainsi
» dire le bonheur autour de son cœur.
» *Emile. Liv IV.* »

« Toute joie ne fait pas rire, les
» grands plaisirs sont très-sérieux, dit
» encore Voltaire. »

En effet l'amour, l'ambition, l'ava-
rice, toutes les grandes passions de
l'homme sont graves et tristes. Plus on
avance dans la vie, plus on s'élève par
la pensée, et moins on rit. On s'étourdit
souvent, on s'énivre, on éclate, on rit;
mais le rire alors, est le sommeil des
plus nobles facultés de l'âme. Et si

parmi les mille baisers que vous prodigue une amante, on voit briller un
doux sourire comme une rose entre
deux seins d'albâtre, c'est un soupir du
cœur qui semble dire : M'aimeras-tu
toujours ainsi? Les grâces, les ris, les
attraits étaient renfermés dans la cein-
ture de Vénus, c'est-à-dire, dans le
sein de la volupté. Mais en avait oublié
d'y mettre la satiété, qui en tarit la
source.

Le rire n'est pas l'expression du bonheur, mais celle d'une joie maligne
qui jaillit de notre vanité. Nous jouissons en vue des autres, nous rions pour

simuler le contentement et faire acte
d'autorité. Tel plaisir qui au fond
nous est insipide nous fait éclater de
rire, parce que nous voulons briller
aux yeux des hommes. Nous pleurons
en secret, nous rions en public;
nous essuyons nos larmes, nous étalons
notre hilarité, pourquoi cela? c'est
qu'en pleurant nous ouvrons notre
âme, c'est que le monde peut y plon-
ger alors ses profanes regards, y saisir
nos sentiments les plus intimes, et pénétrer dans ce dernier sanctuaire de la
liberté humaine. Pleurer est une faiblesse, rire est un signe de supériorité.
Voilà pourquoi nous aimons à rire en

société, et que nous avons honte d'y pleurer.

Aussi que de rires amers, que de bouches charmantes s'épanouissent comme une fleur au lever de l'aurore, qui renferment un principe mortel ! L'amour sourit quand il blesse, et le sourire de l'amitié cache souvent un visage ennemi. Les plus grandes trahisons se font en riant ; on vous empoisonne dans une coupe de miel.

« Gardez-vous d'un homme qui rit toujours, dit le Napolitain Porta. »

« L'homme de cour rit d'un œil et pleure de l'autre, a dit Labruyère. »

« Notre cœur est un instrument in-
» complet, une lyre où il manque des
» cordes, et où nous sommes forcés de
» rendre les accens de la joie sur le ton
» consacré aux soupirs. » (*)

Oui, le rire est très-souvent le masque de la douleur.

(*) Châteaubriand.

XVI.

XVI.

De la comédie.

Du haut de sa personnalité, l'homme se raille des imperfections de ses semblables, comme un juge sévère du haut de son tribunal. Le rire est la manifestation d'un être intelligent qui, conçoit le *beau*, mais aussi d'un être égoïste et méchant. L'homme est le seul animal qui puisse rire, et le seul objet de son hilarité. Quelque fugitif que paraisse le rire, il est toujours le résultat d'un jugement de l'esprit provoqué par la vue d'un contraste, par une perturbation dans l'harmonie des rapports. Rire, c'est l'acte d'une créature imparfaite, mais perfectible; au-dessus et au-dessous de l'homme, on ne rit plus.

Le rire est le principe de la comédie. La comédie, c'est l'art d'exciter le rire par des fictions de la vie, et son but est de flétrir par l'arme du ridicule les

vices de l'homme, que ne peut atteindre la loi positive. La comédie, la satyre, la caricature, toutes les formes artistiques de la risibilité, constituent le complément de la pénalité sociale.

Castigat ridendo mores.

Le poète comique serait donc un magistrat qui dévoilerait en les châtiant, les mauvais instincts de la nature? une œuvre de l'art serait une sentence suprême de la raison, oui sans doute. Mais le moyen qu'elle emploie est aussi coupable que le fait qu'elle veut réprimer.

Corriger un vice par un autre vice, est le procédé grossier de la justice des hommes; c'est une lutte entre deux infirmités rivales, et non pas la condamnation d'un mal par le bien. Or, livrer à la moquerie d'un public oisif les travers souvent involontaires de nos semblables, c'est donner une leçon de sagesse en flattant la passion la plus honteuse de l'humanité, l'égoïsme; c'est-là un caprice de la puissance, et non pas l'arrêt d'une autorité impartiale. L'idéal de la justice corrige en pleurant. Aussi, la comédie n'a pas l'influence salutaire qu'on veut bien lui attribuer.

Pour qu'une œuvre comique plaise à la foule et atteigne le but de l'art, il faut qu'elle instruise en riant, c'est-à-dire, qu'elle immole à notre égoïsme une faiblesse du cœur, ou une erreur de l'esprit. Mais, puisque le rire n'éclate sur nos lèvres qu'à la vue d'un ridicule dont nous nous croyons exempts; en riant à la représentation d'une comédie, nous manifestons notre supériorité sur les personnages qui sont en scène, et nous échappons ainsi à la leçon qu'on voulait nous donner; car, personne ne se moque de ses propres défauts. Si la comédie a du succès, elle excite l'hilarité du public, et si le public

rit, il est loin de s'appliquer la mora
lité de la pièce.

« Il faut, dit Marmontel dans sa
» poétique, qu'entre les ridicules dont se
» moque la comédie, il y ait une diffé-
» rence avantageuse pour le spectateur. »
Cela est incontestable. Si un poète comique s'avisait de railler le vice de tout
un peuple, et que ce dernier se recon-
nût à la peinture qu'on aurait faite de
lui ; non seulement il ne rirait pas des
plaisanteries du poète, mais il le pour-
suivrait de sa colère. Que dis-je ? le
poète n'aurait pas même conçu la pos-
sibilité d'une telle tentative ; car, il

faut un appui à son œuvre, il faut un
public qui l'encourage et dont il soit
l'écho. Si les marquis du siècle de
Louis XIV avaient formé la nation,
Molière n'aurait pas osé les attaquer de
son rire impitoyable. Aussi, le clergé
très-puissant alors a-t-il voulu étouffer
le chef-d'œuvre de la scène comique,
le Tartuffe.

Sans doute, au milieu de la foule
étourdie qui vient se délasser au théâtre,
il se trouve quelques esprits d'élite qui
comprennent la signification du drame,
et qui savent en tirer une leçon salutaire pour leur amélioration morale.

Mais d'abord ceux-ci sont toujours en très-petit nombre ; et puis ce n'est point à eux que s'adresse le trait du poète. Quant à la masse des spectateurs, elle s'amuse des ridicules qu'on livre aux railleries de sa vanité comme un enfant d'un jouet grotesque, sans se douter qu'elle est elle-même l'objet de ses propres moqueries. Dailleurs on ne rougit pas d'un défaut qu'on partage avec tout le monde ; et un homme qui a les ridicules de son siècle et de sa nation, n'est justiciable que d'une nation et d'un siècle meilleurs.

Si je ris avec le poète, c'est que je

ne me crois pas atteint de l'infirmité dont il se moque; et si dans le miroir de la satire je reconnais mon image, je me fâche et me sauve en colère. Dans l'un et l'autre cas, la comédie n'a pas l'influence salutaire dont elle se vante.

Il résulte évidemment des réflexions qui précèdent que le succès même d'une œuvre comique témoigne, que le vice qu'elle expose aux railleries d'un peuple, est le fait isolé d'une faible minorité. Les marquis, les bourgeois, les prêtres hypocrites, les médecins ignares, les philintes que Molière a flétris à jamais, ne composaient ni la nation, ni la capitale, ni même toute la cour. Qu'était-ce après tout que ces précieuses dont il se moque avec tant de malice? une douzaine de femmes spirituelles et bien nées qui raffinaient un peu sur les progrès du temps, et qui malgré lui ont enrichi la langue d'une foule de mots charmants! *Turcaret* n'est que le masque de quelques traitants grossiers, d'une époque anormale de notre histoire. Lorsque *Cervantes* donna le jour à sa divine comédie, la chevalerie n'existait plus. don Quichotte n'aurait pu être conçu ni publié, un siècle plus tôt. Est-ce que depuis Molière et ses nombreux successeurs il

n'y a plus de fats, d'hypocrites, de bourgeois gentilshommes, de financiers insolents ? ils existent encore sous d'autres noms, et d'autres costumes. La muse comique se venge et ne corrige pas; le charriot rustique qui promenait la raillerie dans les bourgs de la Grèce, c'est le moi égoïste insultant aux faiblesses des hommes.

Non, le théâtre comique n'est pas l'école des mœurs ni le temple de la justice. C'est le triomphe de la vanité qui traîne derrière son char quelques individualités puissantes, qu'elle livre aux insultes de la foule victorieuse.

Dans un charmant opuscule de *Shaf-*

tesbury intitulé *De la Raillerie dans les discussions sérieuses*; il y a parmi un grand nombre d'observations fines et profondes, le passage suivant : « Tel est » le génie des hommes, dit-il, que si on » leur défend de dire sérieusement ce » qu'ils pensent sur certaines choses, » ils le feront en riant.»

En effet, l'orgueil de l'homme est une puissance redoutable, qui ne se laisse pas facilement aborder. On ne peut arrêter l'extension immodérée de ses désirs, que par la force ou la raison; mais la raison sans la force ne peut rien sur la terre. Comment donc le

faible opprimé parlera-t-il à l'autorité oppressive? emploiera-t-il le langage sévère de la justice méconnue? on lui fermera la bouche par la loi, manifestation égoïste des appétits satisfaits. Essaiera-t-il d'enfoncer les portes de la cité légale? sans doute; et s'il est vainqueur il élargira le cercle de la souveraineté. Mais s'il est vaincu que fera-t-il? il s'adressera à l'art, le verbe de la douleur.

Or, le moyen le plus sûr d'approcher de la puissance sans éveiller ses soupçons, c'est de flatter sa vanité, c'est de la faire rire! car, puisque le rire est toujours provoqué par la vue d'une imperfection dont nous nous croyons exempts; l'homme qui excite notre hilarité fait un aveu implicite de son infériorité. C'est un bouffon qui se roule à nos pieds, et qui s'efforce de nous amuser. Tout ce qui sort de sa bouche grimaçante, est sans gravité pour nous; et si au milieu de ses tours et de ses gambades, le fourbe nous lance un trait acéré; nous en rions comme d'une flèche échappée à la malice d'un enfant. Voilà l'origine de la comédie; sa mission est de dire enriant, ce qu'on ne peut dire d'un front sévère.

Ridiculum acre fortiùs et meliùs magnas plerumque secat res.

C'est un moyen détourné qu'emploie la faiblesse pour se venger de la force. On fait le paillasse, parce qu'on ne peut faire le maître ; on frappe la puissance de la batte d'arlequin, parce qu'on ne peut l'immoler ; on rit, pour cacher ses larmes !

Si Molière eût osé mettre dans un livre sérieux une des mille vérités qu'il a proclamées sous son masque ironique; on l'aurait fait pendre. *Socrate* fut condamné à mort pour avoir été soupçonné de ne pas croire aux Dieux de la Grèce; tandis qu'*Aristophane* put se railler impunément des grossiers démagogues qui gouvernaient Athènes. François Ier faisait brûler les protestants de son royaume, pendant qu'il lisait avec délices l'histoire de *Gargantua !* *Triboulet* pouvait dire au maître de la France, ce qui aurait été puni dans la bouche du chancelier de l'Hôpital. La parole de Luther bouleversait le monde, tandis que *l'éloge de la folie* faisait rire la papauté sur son trône chancelant.

Qui fait rire l'esprit, se rend maître du cœur (*).

(*) Bernis.

« C'est l'esprit de persécution, qui
» a donné naissance à la raillerie. Plus
» on est gêné, plus la satire est pi-
» quante, dit encore *Shaftesbury*.» Sans
doute, et la comédie est le témoignage
accusateur de l'esclavage de l'esprit
humain. S'il pouvait tout ce qu'il veut,
il n'aurait pas recours à des moyens
artificiels pour se satisfaire. Il s'adresse
à la fiction, faute de réalité. L'art, est
la glorieuse manifestation des désirs,
et de l'impuissance de l'homme. Si Molière avait été roi de France, il aurait
cherché à punir les vices dont il se
moquait; et si l'homme était Dieu, il
agirait sans parler.

Aussi, moins il y a de liberté chez un peuple, plus on recherche la fiction; plus on comprime la pensée, plus elle est ingénieuse à se déguiser. La délicatesse de l'esprit, est en raison directe des entraves qu'on lui oppose. L'homme qui peut tout ne se gêne guère, la force exécute et ne discute pas. Voilà pourquoi la satire est l'arme de l'opposition; l'autorité commande, et l'opposition critique.

La raison est une divinité sévère, qui a toujours effrayé la faiblesse de l'homme. Pour lui faire entendre sa voix et le ramener au joug de sa discipline, elle fut en tout temps obligée de cacher son front sévère sous le bonnet de la folie, et de l'aborder en riant. C'est ainsi qu'on amusait les enfants d'Athènes avec des figures grotesques de Silènes, qui renfermaient l'image de Minerve. (*)

Omne tulit punctum, qui miscuit utile dulci,
Lectorem delectando, pariterque monendo:

« A quel propos, en votre advis, tend
» ce prélude et coup d'essay? pour aul-
» tant que vous mes bons disciples et
» quelques autres fols de séjour, lisans
» les joyeulx tiltres d'aulcuns livres de

(*) *Platonis convivium.*

8

» nôtre invention, comme Gargantua,
» Pantagruel, Féssepeinte etc. . . jugey
» trop facilement n'estre au dedans
» traicté que moqueries, folâtreries, et
» menteries joyeuses : veu que l'ensei-
» gne extériore (c'est le titre) sans plus
» avant enquérir, est communément
» receuë à dérision et gaudisserie : mais
» par telle légièreté ne convient estimer
» les œuvres des humains. On doit in-
» terpréter à plus hault sens, ce qui par
» aventure cuidiez dict en guayeté de
» cueur. » (*)

C'est la pensée profonde que Raphaël

(*) Rabelais,

a voilée sous les mille caprices de ses arabesques. Voilà l'origine de l'apologue, et du symbolisme de l'art.

Le théâtre est une forme usée de l'esprit humain. Il n'a jamais été l'école du juste, mais la manifestation ingénieuse des passions comprimées. Sous les gouvernements despotiques, le théâtre a conservé son importance; pour nous, il n'est plus qu'un amusement sans moralité. Le droit de montrer la vérité sans déguisement, a détruit le charme du symbole. La comédie est morte, du jour où naquit la liberté.

XVII.

XVII.

Polichinelle.

Polichinelle est l'une des grandes illustrations de ce monde : il appartenait à un siècle sérieux comme le nôtre, de comprendre enfin la grandeur de ce personnage. Aussi, plusieurs écrivains

célèbres de l'Europe s'occupent depuis
long-temps, à recueillir les matériaux
nécessaires à la biographie de ce héros
des places publiques. La mission du
XVIII° siècle a été la vulgarisation de
la doctrine du progrès; celle du XIX°
est d'écrire l'histoire de Polichinelle.

En attendant que l'auteur *du roi de
Bohême et de ses sept châteaux* publie ce
nouveau chef-d'œuvre de sa plume élégante et fine; qu'on nous permette d'es-
quisser à larges traits cette intéressante
physionomie. Nous reconnaissons notre
insuffisance pour un tel sujet; mais il
nous était imposé par la nature de cet

ouvrage. Cela excuse notre témérité.

Du jour où Dieu créa l'homme, il créa Polichinelle ! il était dans le paradis avec notre premier père. Moïse en parle, mais le mot Hébreu sous lequel il le désigne n'a pas été compris par les commentateurs de la Genèse. Cependant s' Jérôme en a soupçonné l'existence. Ainsi, l'histoire de Polichinelle commence avec celle de l'humanité.

Polichinelle échappa au déluge, et fut le premier à sauter dans l'arche sauveur. Ce fut lui qui sous le nom de *Cham*, osa découvrir Noë endormi et

se moquer de sa nudité. Il était à Ba-
bylône travaillant à la fameuse tour,
qui devait s'élever jusqu'au trône de
Dieu. On prétend aussi l'avoir reconnu
au nombre des habitants de Sodôme,
qui voulaient abuser des anges réfugiés
dans la maison de Lot. Il est certain
qu'il était au siége de Troie.

Un philosophe de l'antiquité raconte
qu'en voyant des signes géométriques
sur le sable d'une île déserte, il recon-
nut la présence de l'homme. Cela aurait été plus certain encore, s'il y avait
apperçu les pas de Polichinelle. Polichinelle est le compagnon inséparable

de l'homme, il le suit comme son ombre. On le trouve dans tous les temps et chez tous les peuples; mais il est très difficile à reconnaître, parce qu'il change de figure, de nom, de costume et de langage, selon les caprices et la diversité des mœurs. Il s'appelle *Vidoushaka* dans l'Inde; *Pendy* chez les Perses; *Thersite* chez les Grecs primitifs; *Maccus* chez les Romains; *Karakoush* chez les Turcs, *Pulcinella* en Italie; *Gracioso* en Espagne; *Clown* en Angleterre : *Tonneelget* en Hollande, et *Hanswurst* en Allemagne.

Les incarnations de Polichinelle,

sont aussi nombreuses que celles du
Dieu Brahma. Mais pour se mettre
mieux à la portée de nos sens et de nos
besoins, il nous apparaît tantôt sous la
figure humaine, tantôt à l'état de marionette. Sous cette dernière transfor-
mation il fait les délices de l'enfance,
depuis un temps immémorial. C'est de
lui que parle Horace dans ce vers de la
septième satire :

Duceris ut nervis alienis mobile lignum.

La forme plastique de Polichinelle
marionette tel que nous le voyons encore de nos jours, remonte à la plus

haute antiquité. L'art nous l'a transmis à travers les siècles, sans y rien ajouter. C'est un type consacré par la tradition, comme celui de Jésus-Christ. Son nez rouge et crochu en manière de bec; sa face illuminée, son œil audacieux et à fleur de tête; les deux proéminences qu'il porte avec la fièreté d'un triomphateur, *gibbus in pectore et in dorso*; ses jambes de fuseau tout cela paraît emprunté, dit-on, au roi de nos basses-cours, au coq, dont il a la gaieté, l'insolence et les penchants lubriques. Les Athéniens le connaissaient ainsi, et *Aristophane* dit de lui: « Il frappe ses talons comme un coq. »

Bien plus le nom de *Maccus* qu'on lui donnait dans les farces atellanes, est un vieux mot étrusque qui paraît avoir signifié, *cochet*, un jeune coq. *Pulcinella* serait donc la traduction fidèle du mot étrusque ! (*) Voilà comme rien ne périt dans ce monde.

Les apparitions humanitaires de Polichinelle, sont aussi nombreuses que les caprices de sa fantaisie. On ne peut le fixer, il fuit, il court, il emprunte

(*) *Magnin*, les origines du théâtre liv. V. P. 47 —*Magasin encyclopédique de Millin.* —*Les recueils d'antiquités de Caylus.* — *Le cabinet des antiques de la bibliothèque royale.*

tous les masques, il se plie à tous les usages, il glisse, il vole, il traverse l'humanité sous mille déguisements. c'est un prothée qui essoufle et désespère l'historien. Il est partout, en Egypte, (*) dans l'Inde, (**) en Perse, en Grèce, à Rome, chez les Scandinaves, les Gaulois, (***) en Italie, en Espagne, chez les Arabes, les barbares et les peuples sauvage setc.. N'était-il pas à la cour de *Montézuma* lors de l'arrivée des Espagnols? savoir comment il y était arrivé, est encore un mystère.

(*) Les dessins de Champollion le jeune.

(**) Le Ramayana.

(***) Tolland, lettres.

Il parle toutes les langues, prend
tous les visages, se plait dans toutes les
conditions ; tantôt c'est un *nain*, un *fou*,
un *bossu*, un *bouffon*, un *paillasse* ; tantôt un philosophe, un poète, un magistrat, un cardinal, un pape! Il amusait
les Pharaons de la XVIe dynastie, 2050
ans avant Jésus-Christ! (*) Il dînait à
la table du grand roi avec le Grec De-
marate, (**) Il était à la cour d'*Achis*
roi de *Geth*. (***)Les riches habitants de
la Grèce, de Rome, de Carthage, de Sy-
baris avaient tous un petit Polichinelle.

(*) Dessins de Champollion le jeune.

(**) Plutarque Apopth. P. 220.

(***) Rois L. I. c^t. 24.

pour les faire rire, et faciliter leur digestion. *Sénèque* parle assez longuement de la *Fatua*, c'est-à-dire, du *Polichinelle* de sa femme. *Martial*, dans une de ses épigrammes, se raille de la passion de son siècle pour Polichinelle.

Les Dieux mêmes en avaient un dans l'Olympe. Le terrible roi des Huns, Attila, s'amusait avec Polichinelle lorsqu'il reçut les envoyés de l'empereur d'Orient. (*) *Bajazet* ne pouvait se passer du sien. (**) On sait qu'il a joué un rôle très-important au moyen-

(*) Hammer. histoire des Osman.
(**) Gibbon.

âge, et que sous la livrée d'un fou de cour, il a été le conseiller intime de tous les princes de l'Europe.

Polichinelle ne porte pas toujours le même nom ; il en change aussi souvent que l'exige sa mission providentielle. En Grèce il s'appelle tour-à-tour *Vulcain*, *Thersite*, *Pan*, *Silène*, *Ésope*; à Rome *Maccus*, *Manducus*, *Pappus*, *Casnar*, *Sannio* et dans l'Italie chrétienne *Zani*, *Pantalon*, *Brighella*, *Girolano*, *Arlechino*, la plus jolie, la plus gracieuse de ses métamorphoses. Shakspare le nomme *Fastaff*, Cervantes *Sancho-Pança*, Rabelais *Panurge*, Molière

Sganarelle, Lesage *Gilblas*, Voltaire *Panglos* et Beaumarchais *Figaro* ! En France le peuple l'appelle à la fois *Scapin*, *Scaramouche*, *Pierrot*, *Gilles*, *Paillasse* et puis enfin, *Mayeux* ! Hélas,

Quantùm mutatum ab illo!

On voit qu'une révolution a passé par là.

Mais voulez-vous savoir enfin quel est cet être étrange qui remonte à l'origine du monde, et dont la grotesque image a traversé les siècles en répandant en

tout lien sa verve intarissable, et les
éclats de sa bruyante gaieté?

Dieu, en écrivant dans la raison de
sa créature le sentiment du *beau*, y mit
à côté la répulsion du *laid*. Ce sont deux
mots suprêmes qui s'expliquent l'un par
l'autre, et qui n'auraient aucun sens
pris séparément. C'est le mariage indis-
soluble de *Sancho-Pança* et de *don-
Quichotte*.

La personnalité humaine est donc un
composé de deux parties distinctes
dont l'une qui aspire au beau, se raille
constamment de l'autre, qui s'aban-

donne aux appétits de la matière. Ce
dualisme de la conscience se manifeste
dans tous nos actes, et constitue le drame
de la vie.

Polichinelle est une modification du
laid, une personnification de nos pen-
chans infimes et grossiers, un symbole
de nos infirmités, et des passions
égoïstes du peuple. C'est un souffle de
la chair, c'est le bouffon de l'âme.

BIBLIOGRAPHIE DU RIRE.

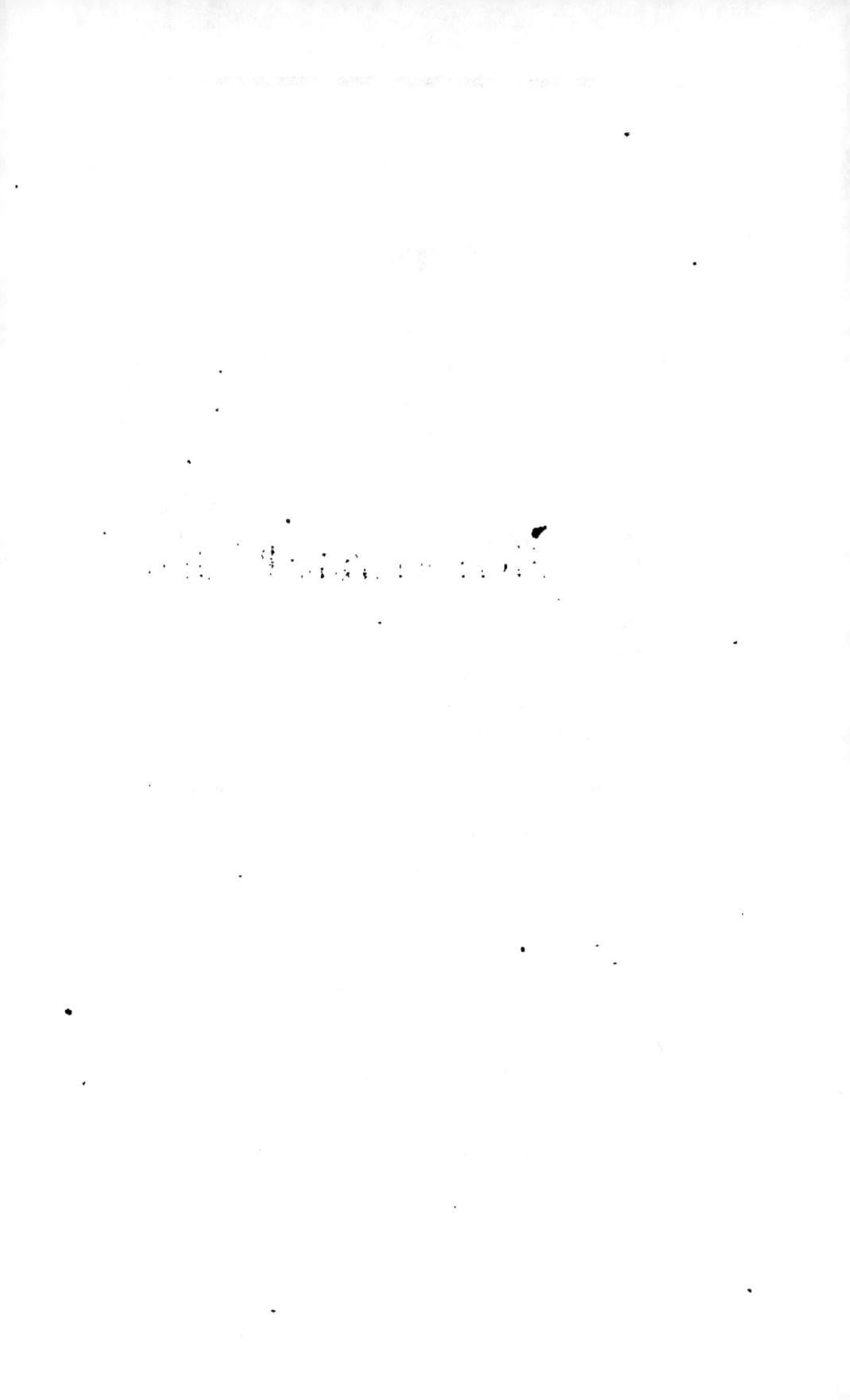

Bibliographie du rire.

Traité du ris, contenant son essence, ses causes et merveilleux effets; par LAURENT JOUBERT, conseiller et médecin du roi de Navarre. Paris, 1579, in-12.

De risu, ejusque causis, et effectis dilucidé ac philosophicé tractatis, lib. XI. par AUTON-LAUR.— Politianus. Francfort, 1602, in-4°.

Tractatus de risu, par ELPIDIUS BERRELARIUS. — Florence, 1603, in-4°.

De naturali et præter naturali risu, par SIMON. Messine, 1656, in-4°.

De risu oratorio et urbano, par MORUJAGIO.

Phisiologia crepitûs ventris et risûs, par RODOLPHUS GOCLENIUS. — Francfort, 1607, in-12.

Dissertatio de risu, par KATSIN, — Lyon, 1733.

Dissertatio de risu, par SCHMIT, — Jena, 1630.

Dissertatio de risu sardonico, par GEOR-FRANCUS, — Heidelberg, 1683.

De risu et fletu, par MARCUS MAPPUS. — Strasbourg, 1684, thèse de 36 pages in-4°.

9

Opuscula de voluptate et dolore; de risu et fletu; de somno et vigiliâ; de fame et siti; par MICAU-DER JOSSIUS, — Francfort, 1603.

Traité des causes physiques et morales du rire, relativement à l'art de l'exciter, par POINSINET DE SIVRI, — Amsterdam, 1768, brochure in-12, de 134 pages.

Un astrologue Italien, nommé l'abbé DAMASCENE publia en 1662 une brochure sur le rire, de six feuilles, imprimée à Orléans.

Traité médico-phylosophique sur le rire, par DENIS-PRUDENT ROY, docteur en médecine de la faculté de Paris, —Paris, 1814, un gros vol. in-8°.

De la caricature, revue Britannique, 28 avril 1838.

Du rire, mémoire lu à l'académie des sciences politiques et morales, par ADOLPHE GARNIER, professeur de philosophie à l'école normale.

FIN DE LA BIBLIOGRAPHIE.

TABLE.